U1070309

最美云南时光

柴庆春 吴文涛 等著

北京航空航天大学出版社
BEIHANG UNIVERSITY PRESS

内容简介

丽江，和顺，坝美，石屏，丙中洛……悠闲的云南，梦幻的云南，歌舞的云南，别样的云南……跟随作者的脚步和镜头，探寻不为人熟知的风景，见证独特民族风情，感受最美的彩云之南。

本书是一本以读图为主的云南旅行休闲游记，全书涉及怒江、独龙江、鹤庆、剑川、石屏等地的自然人文风光，精选专业图片200余张，以独特人文故事为主线，文字精彩生动，文图结合，带给你独特的美的体验。

图书在版编目（CIP）数据

最美云南时光 / 柴庆春著 .-- 北京：北京航空航天大学出版社，2013.2

ISBN 978-7-5124-1046-6

Ⅰ.①最… Ⅱ.①柴… Ⅲ.①云南省—概况—图集 Ⅳ.①K927.4-64

中国版本图书馆 CIP 数据核字（2013）第 017548 号

版权所有，侵权必究。

最美云南时光

柴庆春 吴文涛 等著

策划编辑：谭 莉

责任编辑：周文慧

*

北京航空航天大学出版社出版发行

北京市海淀区学院路37号（100191） http://www.buaapress.com.cn

发行部电话：（010）82317024 传真：（010）82328026

读者信箱：bhpress@263.net 邮购电话：（010）82316936

北京尚唐印刷包装有限公司印装 各地书店经销

*

开本：700×1000 1/16 印张：13.5 字数：206千字

2013年2月第1版 2013年2月第1次印刷

ISBN 978-7-5124-1046-6 定价：39.80元

若本书有倒页、脱页、缺页等印装质量问题，请与本社发行部联系调换。联系电话：（010）82317024

序：阳光下的微笑

正午时分的松赞林寺，四周一片宁静，连聒噪的乌鸦也不见了踪影。我坐在大殿前的台阶上小憩，望着远处山坡上云影变幻而产生的斑斓色彩。这时不远处传来脚步声，扭头望去，一位僧人迈着轻快的步伐出现在大殿的拐角处。僧人穿着红色的僧袍，脸上带着快乐的微笑，从大殿的一侧快步走来，经过我的面前，又消失在另一侧的巷子里。从他出现在我的视野里，到他消失于层层僧舍之中，僧人的脸上始终带着满足的微笑。我不知道他因何而高兴，但是那笑容感染了我，微笑不需要理由，只是简单的快乐就足够了。

广南坝美村黎仲祥家的院子里，两个刚刚学会走路的小孙子，一个不停地把小方凳从东搬到西再从西搬到东，另一个则安静地

有太多美好的词汇形容云南，诸如彩云之南、云端天堂、滇上行云等等，但真正踏上这片土地，你会发觉任何辞藻都难以形容它的美

看着小哥哥充满破坏性的举动。一只两三个月大的小狗，摇摆着尾巴跟在搬家的小伙伴屁股后面东跑西颠，尽管小伙伴时常不耐烦地踢开它，它还是屁颠屁颠地围着转。黎仲祥夫妇坐在一旁心满意足地看着，幸福的微笑始终挂在脸上。此刻，清晨的阳光透过薄雾，柔和地撒在一家人的身上。

云南和顺镇外，82岁的尹老爷子靠在一座石桥上，用字正腔圆的普通话向我炫耀他家那座600年的老房子。推开老宅的大门，尹家老太太热情地拿出刚刚烤好的饵片给我吃，当我夸赞饼好吃的时候，老太太用当地方言笑我："那不是饼！那是饵片！饼是用麦面做的，饵片是用米面做的！"引得四周的人都哈哈大笑。

我每每想起这些场景，嘴角都会不由自主地轻轻上扬，微笑悄悄地爬上我的脸颊。每当我把这些情景讲给朋友们听的时候，朋友们都很受鼓舞，跃跃欲试地要去云南，去我描述过的那些地方。也有的朋友跟我争论：旅游是一个很主观的行为，你只选择性地记住了令你愉快的事情，那些交通不便、通讯不畅、一辈子也走不出穷乡僻壤的事情你都没提。

朋友的话又让我想起另一个情景。怒江峡谷最深处的泥担当村，三年前还不通公路，多数村民一辈子都没离开过山沟子。我徒步旅行经过这里时遭遇大雨，被困在村里。好几家村民邀我进屋去烤火，经营小商店的一家人把我拉到他家的火塘边。我担忧地问："这样的大雨还能不能有车？"那家人说："莫急，总会有办法的。"然后跟我谈笑风生，讲以前暴雨、塌方、泥石流的事情，那样子仿佛他们从来都不会因为什么困难而失去快乐。不知过了多久，雨终于小一些了，也终于有一辆车打算到乡里去。那家人把我托付给司机的同时，递给了司机一个残破的塑料袋，要司机帮忙把这两千元钱存到乡里的银

这家人脸上洋溢着幸福的样子，旁人看了都觉得美滋滋的

夕阳给天井院涂上了温暖的色调，老太太们聚坐在一起，享受温暖和温情

从他出现在我的视野里，到他消失于层层僧舍之中，僧人的脸上始终带着满足的微笑。那微笑也许只是因为简单的快乐

行。我瞥见袋子里装的是捆得整整齐齐的一元面额的单张人民币。司机接过袋子看都不看一眼，塞在座椅下边，开车上路了。

自然环境的不利，或许的确使生活变得不太方便，但是它没有让山里人失去快乐的心态，更重要的是它让淳朴、善良、诚实、乐于助人的传统美德得以保存和延续。一个人能否从生活或者旅行中获得快乐，取决于他的生活态度，如果他的生活里充满阳光，那么他的脸上就一定会挂着微笑。

目　录

有一个美丽的地方

几乎每一段文明的历程，都离不开水的哺育和滋养。但从没有一段文明，能像傣族这样与水如此亲近。傣族作为一个注重人类社会与自然环境和谐相处的民族，水在其生活中不仅仅是一种自然元素，同时还

泼水嬉戏的女孩，完全沉醉于欢乐的海洋之中

“泼水节”上美丽的背影

傣族姑娘手扶着门栏站在屋内，炽热明亮的阳光从地面反射过来，勾勒出她纯美的脸庞。傣族把少女称作"小卜少"

结束了一天欢快的泼水，全身湿透的人们忙不迭地围坐一起享用美餐

是一种具有丰富文化内涵的圣物。因此爱水、敬水的傣族被赐予如水一般的柔美。

清晨，细雨刚刚散去，阳光软软地附在水稻叶子上，格外地动人。我和同伴背起相机，朝着长满高高凤尾竹的村寨奔去。路上迎面而来的几辆拖拉机上面挤满了穿着花花绿绿的赶集的人们，这让我们激动不已，心中那纯美的傣族村寨一定就在不远的地方。

沿着充满绿意的田间小径走着。看到我手里的相机，地里劳作的一位老太太笑呵呵地说："我老了，不好看，你照相要照她们。"顺着她手指的方向，走来一个身着牛仔服的姑娘。这倒提醒了我，正愁找不到方向呢，再说进了村有个翻译岂不更好？我厚着脸皮跟女孩打着招呼并说出请求，没想到女孩爽快地答应了。于是我们跟着她走进了充满着和谐之美的傣族村寨。

“孟定”傣语意为“会弹琴的地方”，是云南省除西双版纳、德宏之外的主要傣乡之一。漫步在村寨之中，一幅幅人与自然的和谐图景不断展现眼前，小溪环绕，竹木翠绿，红花绿叶相互掩映，浑然天成的美景令人赏心悦目。路边偶遇的老人、抱孩子的年轻母亲、全身文满经文的男子、身着彩裙的少女、大树下乘凉的人群……我用镜头记录着他们灿烂的笑容，用心感受着这份久违了的真诚和友善。转眼就到了中午，向导兼翻译也要回去准备下午的泼水活动了，我们约定在小河边泼水活动时再见。

大约两个小时后，村里的人渐渐多了起来，我们跟着人群往村口的小河边聚拢。群山环抱，临水而居在这里并不奢侈，我们还幸运地赶上了傣族泼水的盛况。通往邻村的田间小路上走来一队队身着节日盛装的傣家少女，不同的色彩区分出不同的村寨，却都格外鲜艳漂亮。大家齐聚村口，进行一个

路边小店里的大姐正忙着准备可口傣味，绿叶包裹的是泼水粑粑

连接村庄的路通常都较窄，拖拉机和摩托成为这里主要的交通工具。外出赶街的女人站在拖拉机上，美丽的裙子组成一幅“彩云之南”的画面

简单而富于特色的仪式，人们彼此用橄榄枝蘸水洒向对方，意为将吉祥的祝福送给他人。随后年轻人开始相互泼水嬉戏，缤纷的色彩和着强有力的锣鼓声，快乐奔放的笑声将节日的喜悦推向顶点。这样的场景令我激动不已，相机的咔嚓声不停地定格住一个个欢乐的画面，我完全没有防备人群中一位姑娘泼过来的水，瞬间来了个全身湿透，原来是早上约好见面的“翻译”，一身蓝色的傣裙别致极了，和早上那个“牛仔”判若两人。这水一旦泼到身上，其他人也会一拥而上，我忙不迭地包好相机，加入到这欢乐的人群之中。

▲ 寺院里的僧人

欢乐的泼水一直持续了几个小时，所有人都彻底湿透了，清凉的河水洗去了炎热，也冲走了所有的疲惫和烦心事，痛快淋漓的感受前所未有。彩色的人群也在欢快的笑声中渐渐散去。“明年你们再来玩啊，我带你们到处走走，一起去品尝真正的傣家饭啊！”又是一个美好的约定，我期待着再次回到这里，回到这美好而幸福的时光里。

➤ 傣族人信仰小乘佛教，其生活的地区每个村寨都有寺院。这些寺院里保存了大量的佛教经典，其中有一部分是用傣文字母音译的巴利语写本，保留了小乘佛经较早期的面貌

傣族“小卜少”崇尚自然与淳朴之美

阿细跳月

电影《阿诗玛》讲了这样一个故事：在云南一个叫作阿着底的地方，聪明美丽的撒尼姑娘阿诗玛，与青年阿黑相爱。头人热布巴拉之子阿支贪图阿诗玛的美色，趁阿黑去远方牧羊之机劫走了阿诗玛。阿诗玛机智地把她与阿黑定情的山茶花掷入溪中，溪水顷刻倒流。阿黑获讯赶回救援。就在危急关头，阿黑及时赶到救出了阿诗玛。阿诗玛和阿黑喜悦地同乘一骑回家，在溪边下马小憩。这时恶毒的阿支带人偷走阿黑的神箭，并放洪水将阿诗玛淹死。阿黑悲愤地呼唤着她的名字，阿诗玛渐渐地化身成水中的巍峨石像……

生活在云南路南县的彝族人坚信阿诗玛化成的石像就在他们世代生活的石林之中

当地的彝族人，这些阿诗玛的后人们个个纯真美丽、心灵手巧，闲暇的时候就凑在一起绣头帕

心灵手巧的彝族阿妹用亲手绣出的服饰装扮自己

年长的彝族阿妈，年轻时一定很美

生活在云南楚雄一带的花彝，她们的服饰就更讲究了

如果到石林去参观的话，当地的人会指给你看：那一座石峰就是阿诗玛变成的。看一看那座石峰，再看一看身旁的彝族阿妹，无论是头饰，还是身段，真的越看越像呢。

我那天遇到的彝族阿妹见我对彝族的问题那么热心，就邀我跟他们一起去跳“阿细跳月”。还说也许村上的老人能够回答我的问题。一听“阿细跳月”我立刻又增加了十二分精神。

我的大学时代一度时兴跳集体舞，舞曲大多数都是改编自各民族的传统舞蹈音乐，比如藏族的旋子、朝鲜族的长鼓舞，其中最欢快的一曲就是来自彝族的阿细跳月，也是我最喜欢的一首舞曲。时隔多年，有幸来到阿细跳月

正在跳阿细跳月的老人，中间那位大姐的表情多么怡然、享受

的故乡跳舞，还有比这更美妙的事情吗？

阿细跳月是流行于云南路南、弥勒一带的彝族民间集体舞蹈。相传在古代刀耕火种的时代，放火烧过的荒地里很多石块或者残火仍很烫脚，人们在播种时常跳起跳落，躲避着可能烫伤脚掌的地方，后来逐渐演化成舞蹈。之后这种舞蹈又逐步变成彝族青年男女交往娱乐的载体。年轻的撒尼人在月下点燃篝火，弹起三弦，吹起短笛，跳起舞蹈，这种节奏欢快、舞姿奔放的舞蹈就是阿细跳月。

不过像任何少数民族一样，在激烈的社会变革中，年轻人对传统的东西越来越缺乏兴趣，都愿意去追求更时尚、更流行的潮流。留守乡间、固守传统的大多都是老年人了。老年人跳阿细跳月就不像年轻人那般热情奔放，而是轻慢稳重。彝族小阿妹一下子把我推进正在舞蹈的老年人当中，看着我笨拙、不合节拍的舞步，自在一旁捧腹大笑。这边的彝族大姐倒是很有耐心，拉着我三步一摆腿、一踢两击掌地跳起来。虽然大姐们的舞蹈跟我当年学习的阿细跳月很不一样，我的舞步也不很合拍，但是，在欢快、热闹的气氛中，我感受到了久违了的发自内心的快乐。

欢快的阿细跳月告一段落，彝族大姐们消失在阿诗玛的石林中

品味丽江

在玉龙雪山脚下的茶马道上，有一个小城叫丽江。这些年或许是日益增强的温室效应导致积雪减少，云中玉龙已经不再那么洁白，但这却毫不妨碍丽江小城日益声名显赫——如潮的游人正源源不断地从四面八方拥来。

从茶马道上往西北，就是那条母亲河金沙江。

江边的峡谷中，还保存着纳西族原住民幽静的院落。住在这样的院落里，听不见游客的人声鼎沸。只有当山月初升时分，或许能听到大江东去的流水欢歌。

江水在石鼓镇边有一个著名的马蹄形大拐弯，山坡上矗立着当年红军长征渡江北上的铜像，凝固了八十年前一刻不为人知的时光。那里，还有一座小巧的铁虹桥，是长征路上泸定铁索桥的缩小版，只不过桥头的小亭，依旧是纳西风情。

这样去品味丽江，还能感受到一种大气与厚重。岁月在这里沉淀了太

云绕玉龙，玉龙雪山的融水养育了丽江的纳西人民

雾锁金沙，金沙江水滋润了丽江的田园

金沙江畔纳西族原住民幽静的院落

多的传奇与故事，塑造着山野间一座小城的个性。即使在城中那碧波荡漾的黑龙潭，也能感受潭中收容了昔日野性的风云。

然而，去品味丽江的游人们，最津津乐道的还是城中那种闲适的温馨。一条潺潺流动的渠水，一壶清香扑鼻的茶，让时光被绿蔓、鲜花、红灯笼簇拥着……小城生活节奏可以缓慢如斯，它留给了人们这样的丽江印记。

午后的柳荫下，渠边还没有太多的茶客。木桌上的鲜花显得有几分落寞。然而这种落寞，正是不少帅哥靓女们来丽江寻觅的东西。因为，“哥喝的不是茶，是寂寞”！

小城的生活节奏可以缓慢如斯，它给了人们这样的丽江印记

午后的柳荫下，木桌上的鲜花显得有几分落寞

酒吧的午后时光，弥漫着一种“情调”

入夜，一切激情都开始呈现。热闹的丽江小巷里人头攒动。刚听过宣科纳西古乐的朋友们，挤进了一间又一间“小资情调”的酒吧茶肆，由着性子给古城的生活空间抹上时尚的色彩。

在古城中心的四方街上，纳西老妇人匆匆走过的背影，连同那种原生态的服饰一起，淡出了人们的视野。取而代之的，是各种“秀”，是琳琅满目的“民族特色”的商品，是层层叠叠仿佛没有尽头的人流……

阳光下，几个纳西老妇人匆匆走过的背影

山里的蘑菇

卖蘑菇的是一位抱着孙子的彝族老人，她头上照例包着厚厚的黑色头巾

这就是丽江的滋味？

一天，在去東河的路上，我发现路边有山民摆出了刚采到的蘑菇。赶紧下车。老天！在这一堆诱人的色彩中，哪一种是鸡枞菌？哪一种是牛肝菌？那一箩筐里的不大起眼的小蘑菇，采自哪一片山林？我不知道，但我知道的是，山里的蘑菇还没有变，它们的鲜美也不会变。

卖蘑菇的是一位抱着孙子的彝族老人，她头上依旧包着厚厚的黑色头巾。显然，这不是为旅游而“秀”。

“多好的蘑菇啊！怎么不到丽江去卖？” 我问她。

“挤不进去哦，这菌子一挤全烂咯！” 她笑着回答。

“带着孙子还上山捡蘑菇？”

老人没有答话，她往前方一指。

我看过去，一位姑娘像山花开放一样绽开了笑容，这就是“采蘑菇的小姑娘？”是彝族老人的女儿？还是媳妇？

我没有再问，我决定买下全部蘑菇。虽然我还不知道在哪儿去烹煮，但是，我相信在这古城或古道边，总能寻找到一户人家，让我斟上一杯谷酒，好好地品味一回丽江的滋味。

真正的丽江滋味。

捡蘑菇的是像山花开放一样绽开了笑容的姑娘

翻越碧罗雪山

对于深入怒江大峡谷的背包客来说，从丙中洛翻越碧罗雪山到德钦县茨中的徒步线路很有诱惑力，途中经过的迪麻洛、白汉洛、茨中这几个村子，都是有着特殊历史背景的村落，再加上山上美丽的草甸、牧场和雪山，使这条线路日趋成为成熟的经典徒步线路。

从丙中洛出发，出了丙中洛景区收费站不久，就开始过桥，然后沿着迪麻洛河深入碧罗雪山来到了村口的大路，刚好有一辆村子里的货车开回来，拦下来的时候，我惊喜地发现，车上坐的竟是在重丁遇到的瑞典神父一行人。看来今晚的迪麻洛教堂又有一番热闹了，果然，晚上的弥撒，整个教堂都坐满了人，后来的就只有站在后面，再后来的就只能站在门外了。这也是我所见到的，几乎全用普通话来唱歌的教堂，纵然这样，那几个年轻漂亮的瑞士女孩还是什么都听不懂。而我，终于在这个偏僻的小山村里听到了用普通话来唱的赞美诗。

散场后，回到我们住的阿洛家，阿洛的表弟，一个吹拉弹唱跳样样精通的藏族小伙子笑着对我说："今晚，你们就不用睡觉了——阿洛家的晚会通宵达旦！"神父来了，脱去了那一身在教堂讲台上挥舞的白色长袍！瑞典姑娘来了，身上穿起了藏族服装！村里的藏族、怒族姑娘、小伙、妈妈们也来了，围着圈唱起歌、跳起了舞。阿洛的表弟，一身华丽的藏族服饰，很开心地弹着旋子，踏着舞步，偶尔，也把我拉进圈子调教一下。多数时候，我会和我的同伴坐在木凳上一边欣赏，一边和白天搭我们回村的那个在教会念书的大男孩及神父带来的翻译聊天，从中了解到许多宗教方面的知识，也感受到信教的人们待人的热情和对生活积极的态度。瑞典老外走后，跳舞的人们并没有散去，反而跳得更起劲，我忽然就有了家的感觉了，没有了任何的拘谨，几个藏族妹妹不时拿酒过来敬我，而一个慈祥的妈妈，则不停地带我跳舞转

白汉洛天主教堂

碧罗雪山

碧罗雪山垭口

圈，不让我喝那么多！并且让我散后就住她家去！这一夜，除了开心的舞步，更有一种莫名的感动，由被藏阿妈紧紧抓住的那只手不断传递过来。这只是翻山前夜的一个插曲，却足以让我怀念和铭记一辈子。

一夜狂欢的后果是，阿洛把路上吃的备好，导游和背夫也到位了，我才起床，而且短暂的黑夜里，窗外的流水一直流淌出如落雨般的声音，让我在美梦中还担心下雨会影响天亮后的行程。

然而一早起来，老天不负有心人——天空绽放的是一片纯净的蓝色。出发了，脚下生风，只一个小时，就到达白汉洛。怒江地区最古老的教堂——白汉洛教堂静静地伫立在一块大草坪的旁边，古旧的木头雕花的门窗，门上高高的四角小房上耸立着一个尽显沧桑的木十字架，试图向来人诉说发生在这里的历史上著名的“白汉洛事件”。我想，令当年那个把天主教强行传到丙中洛来的英国人任安守料所未及的是，他处心积虑，不惜利用清政府的力量打压民众，武力削弱普化寺的佛教实力，可直到他病死在教堂里，丙中洛附近的村寨都没有一个人愿意踏入天主教的门槛。

白汉洛，是翻山前遇到的最后一个村子，最原始的原木屋顶散着炊烟，碧绿的草坪上一匹小马正跟在妈妈的尾巴后面吃草，阳光透过那些高大的树木洒下来，照在粉紫色的芭蕉花上。告别这个与世隔绝的世外桃源，看见一个藏族老妈妈，站在木门前指指头顶上的李树，再指指自己的嘴巴，用手势问我要不要带些李子路上吃？我那不争气的泪水又要流下来了。

上山的路一点都不寂寞，那黄和紫的互补色调的野花，张张扬扬、灿灿烂烂地开满了整个山冈，那些被我称之为“千年树妖”的松木聚集成森林热热闹闹地在我们身边张牙舞爪，而扬扬洒洒插满其间的，是那高山杜鹃。纵然美景相伴，长时间的翻山越岭，还是累了。穿过了森林，对面来了四匹马，真正的“牛高马大”。此时，两个同伴也体力透支，马的主人二话没说，不计任何报酬地让马把我们送上垭口。

天蓝云白，风光无限。垭口有着少量的积雪，一往下走，松下的杜鹃林也在此悠然而止，取而代之的是一大片细小而不足两米高的金色竹子。此时身边的同伴喘着气说：好想做林中的一只熊猫！

也不记得几时又走进了树林，一个美丽的小湖畔倒映着满湖的杉树和一间孤孤单单的木屋，山涧的汇入和流出，赋予了静谧中的动感，共同构筑了一个油画般梦幻的世界。

走过两个大的牧场和垭口，再翻越第三个小垭口，就可以看到茨中大桥下红色的澜沧江！

迪麻洛天主教堂

流淌的阳光

可爱的藏族小姑娘

宁静中渗出的幸福

一山更比一山高

已经走远了，路边木屋走出的老婆婆，还追出来比划着问：要不要带着李子在路上吃？

远眺茨中天主教堂

在阿洛家，村里人跳起了欢乐的舞

梦幻泸沽湖

在从丽江跨过金沙江向北的崇山峻岭中前行时，蓝色的远山丛中正拉开了一幕“东边日出西边雨”的绝妙场景

我一直希望一生中有一个梦，蓝色的梦。恍惚中，那梦并未出现在蓝色的大海与苍山之间，而是在一汪清澈的小湖边，为什么呢？我不知道。

直到有一天，我在从丽江跨过金沙江向北的崇山峻岭中前行时，才感到那期待中的梦幻之蓝正在渐渐包围我。那一刻，蓝色的远山丛中正拉开了一幕“东边日出西边雨”的绝妙场景。

当越野吉普昂头翻过山头，山下出现了一个蓝色的湖。泸沽湖！无数驴友骄傲地描述过的这一刻到来时，我却怔怔地望着它发呆。

我走进了梦中？

低沉的堆云压在山脊上，掩去了波光中的倒影，越是这样，那蓝就越纯净地从山下飘上来，溶化了我和身边的一切。直到我把摄影包扔到床上，还没回过神来。因为床边那窗框出了一幅画，依旧是扎西半岛上能看到的幽蓝。

急不可待地奔到湖边，湖水拉

扯着云朵托起一座小山，那是湖中的小岛吧？湖面倒映的云朵上飘荡着一簇簇白色的小花，此情此景，极富佛家求渡的禅意。这是一袭蓝梦中的色界吗？小花与白云铺出的路通向何处呢？远方的苍山默然不语，无人应答。

举起长焦镜头推到小花前，但见橙红的浮萍下，多姿的水草随波摇曳，那花茎并不将花儿托出水面，一任她飘荡在碧波里。

这是什么花呢？一生中从未见过的水中白色小花让我惊艳！我急切地想找人问问，但静静的湖边空无一人。

一阵碎碎的马蹄声从身后传来，回身望去，只见一位摩梭少女牵着马儿姗姗走过，去问问她？眼看着似有心事的她走过身边，我失去了上前问话的勇气。

沿着湖水边走边拍，也不知走了多久，刚想寻一处干燥的草地坐下，就看见远远地走来两位割草的姑娘。连忙上前，指着湖水上的小白花

床边那窗框出了一幅画，是扎西半岛上能看到的幽蓝

湖水拉扯着云朵托起一座小山，好一幅水天一色的精美画卷！

湖面倒映的云朵上飘荡着一簇簇白色的小花，此情此景，极富佛家求渡的禅意

发问。没想到，两位姑娘立刻笑起来。穿粉红花衣的女孩还捂着嘴，露出了几分羞涩。

我不明白，问一朵花儿羞什么呢？

只好回头走向湖边，不料身后传来银铃般的喊声："那是水性杨花啊！"

"水性杨花？" 我怀疑自己耳朵听错了，回过身去，在清脆的笑声中，两位姑娘背起背篓准备走了，"是水性杨花，"一位姑娘笑着说。

又一位摩梭女子骑着马慢慢地走过。我陷入沉思中。

"水性杨花！"多美啊！她穿过清清湖水，走向阳光，水动花扬，婀娜多

姿，洁白无瑕地委身于蓝梦之中。

回到客栈，交谈中客栈主人告诉我，“水性杨花”学名为“波叶海菜花”，属水鳖科植物，雌雄异株，茎可生长到5米，是泸沽湖的特产，还常有人拿这茎做菜呢。

听说这种植物湖心小岛上就有，我决定去看看。小伙子立刻到湖边划来一条猪槽船，载着我们向湖心划去。

小岛上视野很开阔，林丛茂盛，我甚至在小店前发现了一只正在溜达着的国家二级保护动物藏马鸡，它正旁若无人地晒太阳呢。

小岛最大的特点是静，风声被丛林滤去，湖水也波澜不惊。我突然想起杨丽萍的《云南的响声》。而在这一片幽蓝的湖水中央，一切声音也消失了，眼前的和想像的场景，像无声电影的画面在淡入和淡出。只有岸边那条小船边，还能听到温柔的水声，好像是唯恐惊醒了我的蓝梦而轻轻地拍打着船舷。

记起刘勰在《文心雕龙》中说：“登山则情满于山，观海则意溢于海”。何解？山青而水蓝，情在则梦随啊！

橙红的浮萍下，多姿的水草随波摇曳，那花茎并不将花儿托出水面，一任她飘荡在碧波里

湖边远远地走来两位割草的姑娘

泸沽湖中的猪槽船，载着我们向湖心划去

摩梭女子骑着马慢慢地走过

散步的藏马鸡

只有岸边那条小船边，还能听到温柔的水声

最后的文面女

在独龙江旅行，每次遇到那些记录着历史、爬满了皱纹的文面，我总是不忍正视，只是低着头想着关于独龙文面的传说，那因人而异的文面，唯一相同的是，都要承受一次撕心裂肺的痛苦。

独龙族，一个在大山深处鲜为人知的民族，一个只有四千多人口、一直到近代都还处在结绳记事的生活方式的民族，一个善良淳朴、从不招惹是非的古老民族，在明、清时期被外族的土司虎视眈眈了。在见到独龙女的那一刻，土司就惊呆在了那里。高山碧水呵护下的独龙女子，比起其他女子，自然多了一份白皙细腻。自古红颜薄命，就是那一见，独龙女的噩运开始了，那些外族的土匪，打着征税纳租的旗号，公然来抢独龙女，一时间，独龙江里人心惶惶。无计可施之下，刚烈的独龙女宁可毁了自己的容颜，也不愿意离开家乡！就这样，独龙文面开始悄悄地流传，到后来，已经被视为一种美丽了。

在独龙族的传说中，人死后灵魂会变成颜色各异的大蝴蝶，在峡谷里飞舞。这种蝴蝶独龙语叫“巴奎依”。这种漂亮的精灵，最终成为独龙族祖辈传承的一种爱美的象征，这种象征被具体化在独龙即将成年的每一个女孩子脸庞上，那栩栩如生的蝴蝶图案，被村寨里的妇女用竹针刺破那张娇嫩的脸，抹上青汁，永不褪色地文出。

独龙江里，没有川流不息的车辆行人，没有任何不和谐的噪音，时光仿佛在这里倒退了千年，你所看到的只是那间间覆盖厚厚茅草的原木屋下编织着五彩独龙毯的女子，那路上赶着马帮匆匆运货的男子。那在江边埋头劳作的妇女偶尔一抬头，一张如青蝶飞舞的文面女的脸就定格在你的视线中。

去迪政当的路上，偶遇马帮，另有三个同路人，背着柴，其中一个用雨布连头带脸地遮了一大半，低着头看着脚尖走路，不由得多看了她一眼，原来，是迪政当的文面女。虽然用语言无法交流，可蹚过溪水时，善良的文面女还

独龙江云雾

特意停下来等我走过。一起走过两道公路上用来拦独龙牛的篱笆门，就到迪政当了，大路的左边有一间很大的木屋，屋中间有着任风穿堂而过、两面通透的厅堂，厅堂边上是一家三代其乐融融的画面：女儿正在给文面妈妈剪修头发，大孩子正给小点的孩子喂饭。我的突然到来惊动了文面妈妈，她赶紧拿起一条独龙毯把赤裸的上身围上，让我又内疚了一回，赶紧分发了一把糖来来表达歉意。

独龙人家的茅草屋

龙元文面女

篱笆围着玉米地，走过那密密的木栏就是雄当独龙人家的茅草木屋，向日葵在屋前艳艳地开着。熟透的红李挂在枝头，我只是路过，主人却挑最大最红的李子装满了我的口袋。一个雄当的文面妈妈，扛着锄头正要下地，远远看见我，就微笑着停在那，等我经过时，递给我几个烤土豆。说实话，一路碰到很多文面女，都是腼腆而害羞，犹抱琵琶半遮面，唯有在雄当碰到的文面女，落落大方地主动和我打招呼，还让我回来的时候上她家坐去。

独龙江水一如既往地流淌穿行在高黎贡山和但当力卡山之间，独龙江边的文面女子依旧默默地在那小块斜坡地里耕种着最后的岁月，那曾经的美丽，已被一只只黛青色的蝴蝶掩饰住了。曾经的文面女正渐渐老去，硕果仅存的就成了珍贵的活化石。“文面的人死后很好看，因为人死后血液停止流动，脸上所文的图案非常明显。”村里的老人这样说。最后的文面女终将带着不能破解的谜一样神秘的文面微笑着离开。到那时，会不会整个峡谷里无数彩蝶舞蹁跹呢？

那只曾经美丽的青蝶，已经掩盖不住岁月的痕迹

勤劳的雄当文面女

找猪草的女孩，找到了传说中的文面草，于是在自己脸上抹画起来

祖孙俩

悠闲和顺

黄昏的夕阳温暖地照在石桥上，也照在石桥上闲坐的老人身上。老人许久没动，仿佛和石桥熔铸在一起了。我冒昧地上前跟老人打了招呼，老人转过脸朝我灿烂地一笑。那笑容很感人，交谈也从此开始。

“我今年 82 岁了，马上就 82 周岁喽。”老人的普通话字正腔圆。

“我们的祖上是南京人，所以我们会说普通话。”老人说话中气很足，完全不像 80 多岁的样子。

和顺古镇坐落在一个南高北低的山坡上，民居通常都是“三房一照壁”的合院建筑

“三房一照壁”的院落，都会在照壁和门楼上施展建筑技艺。飞檐高挑，雕梁画栋，斯和三顺，清新典雅

“我们祖上是洪武年间移民过来的，我家现在的房子还是洪武年间的呢！”老人很自豪，更像个显摆刚到手的玩具的小男孩。

和顺古镇最初是明朝洪武年间来自中原的移民建立起来的。但是经历明、清、民国和抗日战争，一座普通的民居能够保存600年，还是很令人吃惊。我跟老人说，我想到他家去串门。

推开大门，门洞的屋檐下有几位老太太正在扎纸元宝，一位中年妇女正在厨房内忙活。大家见我进来就忙着招呼，问我吃不吃饭，喝不喝水。说的都是字正腔圆的普通话。我刚从怒江过来，已经习惯了边疆地区少数民族同胞们说的汉话，听到人人都说着标准的普通话自然表示惊奇，于是其中一位老太太便改用很像四川口音的本地话跟我说："说本地话怕你听不懂。"

我说来看看600年的老房子。老太太说："房子六百多年没有落架大修，太破了、太矮了，打算明年翻修。"

和顺镇坐落在一个南高北低的山坡上，民居通常都是"三房一照壁"的合院建筑，大多数院落的正房都是坐南朝北。和顺的小康之家大多是两进院落，大户人家有三进或四进院落的。和顺有句俗话，叫做"穷走夷方急走厂"，夷方是指缅甸、泰国、印度等国家，厂是指玉石厂。清末，很多和顺人家都到夷方去闯荡，做玉石生意，发了财回家乡买地盖房子。那些拥有大院落的人家，基本上都是当年走夷方的人家。和顺号称侨乡，就是因为有很多在夷方闯荡的华侨的缘故。

老人家的老房子只有一进院落。正房是家堂，供奉"天地君亲师"牌位，是一家人生活起居的地方。家堂两侧和厢房是居室、厨房。由于孩子都在外地工作，和顺老宅只有老两口居住，主要活动空间是院子和门洞，还有河边，家堂反倒闲置着，更像是储存物品的地方。

正奇怪今天家里为什么有这么多人，一位大嫂拿着一块刚刚烙好的饼让我吃，说家里有老人过世，要借用老人家的院子，作为招待前来参加福事的亲友的饭厅。怪不得老太太们在扎纸元宝。大嫂烙的饼抹上辣椒酱可真好吃啊！我连声称赞："饼好吃！"一旁的老太太又笑呵呵地说："那不是饼！那是饵片！饼是用麦面做的，饵片是用米面做的！"我连忙说："饵片真好吃！"老太太们看着我窘迫的样子开怀大笑。

走在和顺的巷子里，只要嘴角挂着微笑，总能迎来友善的回报，和顺人可能会主动热情地跟你打招呼，告诉你一个匆匆游客所不知道的和顺。"四季无寒暑，下雨即是冬。"这是有人告诉我的关于和顺的气候。现在正值冬季，明媚的阳光下，白天的时候非常温暖。

和顺人还保留着中原人好客的传统。在和顺期间，我串了好多家的门，

合院内第一进院落是花厅。腊梅反映了主人的品位，家堂的匾额“齐眉笃祜”，也是主人向往和追求的生活

“闾门”是和顺民居的特色建筑，是巷子口的总大门，闾门上的题额“兴仁讲让”、“福披二巷”等体现了族人的美好愿望

古镇上的一位老者见我每天都在巷子里转悠，主动跟我说："嗯，和顺就是要品才有味道！走马观花就没意思了。"说着还把手里的香烟冲我举了举

每到一家，主人都会搬过小凳子招呼我坐。访问过的许多家庭的主人都是曾经在外面工作，退休之后回到和顺老宅居住的，孩子们都在外面工作，有的在国外，有的在省城，也有的在腾冲。住在镇上的老宅里，一方面是享清闲，一方面也是照看老宅。当然，也有的人家祖上曾经显赫过，几代人传承下来，逐渐没落了，过着略显清贫的日子。但是，无论是富有还是清贫，无论是曾经显赫还是一直平凡，人们都在平静祥和的古镇里过着安居乐业的生活。

我特别喜欢和顺的午后时光，阳光暖暖的，人们陆陆续续地回家，老牛也慢吞吞地走在回家的路上

寸氏宗祠。明朝洪武年间最初来和顺屯田戍边的有五大姓氏，寸氏就是其中之一

洗衣亭，是和顺特有的建筑形式之一，是走夷方的和顺人送给留守家乡的“爱妻号”。在和顺，有七座这样的洗衣亭

和顺图书馆号称是全国最大的乡村图书馆，有7万多册图书，老人们来看看报，学生们还可以外借图书

老人转过脸朝我灿烂地一笑

行走在山外之山

云南多山，各族人民世代与山为伴，南美就是这样一个坐落在大山深处的拉祜族村寨。这里平均海拔约1950米，距临沧市临翔区45公里左右，居住着近300户拉祜族，他们本属氐羌族群，发源于青海湖畔，明末清初迁徙到南美，因地域封闭、与外界基本隔绝而形成了独具特色的民族文化，人们依然以最淳朴自然的方式在这里生活。

为了在傍晚赶到南美，我找了一辆小货车，司机大哥胖墩墩的，一脸憨厚。车子在通往山里的小路上左弯右拐，颠得个稀里哗啦。“没事儿，这段修路，一会儿就好了。”胖哥好像觉察出了我的犹豫。接着他把一盘磁带塞进满是灰尘的录音机里，强烈的摇滚节奏瞬间响彻山谷。我这才发现小车内顶棚上有两只碗口大的喇叭，加上后座一个低音炮，把原本灰头土脸的货车装点得朋克味儿十足。看不出胖哥还是一摇滚青年啊。一路的颠簸和着这大分贝，还真有一种另类的协调。翻过一个又一个的山头，我们终于来到了山外之山的南美村。

看见地头身着彩色民族服装的人，我按捺不住地跳下车一阵咔嚓。村子就建在大山顶上，太阳也比平地要落得晚，地里劳作的人还未散去，所以现在拍摄正是时候。

半个月来，我一直游走于各个少数民族的村落，淳朴善良的人们和别样的山间美景常常让我感动，同时也带走了旅途的劳累。傍晚的阳光洒在路边野花上，晶莹透明得如此可爱。此时村里也应该是宁静安详的吧！

城里的学生，应该还拥堵在放学回家的路上吧。而村子里的孩子们早已放下书包，围坐在火塘边做着家务了。我的到来打断了她们，好奇的眼神在彼此之间左右来回。我主动上前打着招呼，几个女孩放下手里的活儿和我聊了起来。谈话中一个女孩随手抓起一只大大的水烟筒，煞有介事地猛吸了几口，

崇山峻岭中，人们仍然固守着简单的劳动方式和工具

一天的劳作还没停歇，正应了那句话："日出而作，日落而歇"

大人们外出劳动还没有回来，年龄大一点的孩子正守在火塘边准备晚餐

▲◀ 用水烟筒抽烟是这里的人们每天闲暇时的乐趣，而女孩用这样的大家伙还真不多见

身着美丽服装的拉祜少女，似乎现代都市的时尚在这里得到了最淳朴的阐释

女孩们拿出自制的独特乐器，吹起了动人的调子

那架势着实让我惊讶。见过女孩吸烟，但这么粗犷的用大家伙的还真不多见。另一个女孩从怀里抽出一根小小的竹棍子，放在嘴里一吹，悠扬的旋律居然就飘了出来。看我这么不可思议的眼神，女孩把小竹棍递给我，“你试试吧。”这小棍子怎么能在我嘴里奏出音乐呢？“这是我自己做的，送给你了，回去慢慢吹就会了。”女孩很爽快，简单而快乐不正是我这个城里人所追求的吗？

这个特殊的礼物我一直保留着，但美妙的音乐再也没能奏出来。

随着夕阳渐渐西沉，外出劳作的人们陆续回来了，大家忙着劈柴、担水、喂牲口，小小的山村变得热闹起来。伴着缓缓升起的袅袅炊烟，树影下的房屋开始变得模糊，夕阳的金色铺满山坡。

山外之山的南美，一定会更美。

门边一只用木头刻成的小马静静地站在那里，是父亲逗孩子的玩具？还是用作祭祀？

把刚劈好的柴装进背篓里，这样的着装即使是劳动也不例外

小锤敲过一千年

鹤庆新华，这座茶马古道上的小村庄注定是不平凡的。千百年来，这里的金、银、铜等手工艺品美名远扬，畅销整个滇西北，艺人更是遍及云南、西藏，甚至尼泊尔，被誉为“小炉匠之乡”。新华村背靠着凤凰山，前面是大片的草海湿地，村里小桥流水，真可谓是一块风水宝地。随着近年人们对传统技艺关注的持续升温，现在的新华村已经是家家办工厂，

新华村的石寨子汇聚了村里有名的银器商铺和旅游相关的服务设施

作坊里的师傅各司其职，形成流水作业，每个人都是不可或缺的一道工序

户户创产业的局面了，特别是银工艺品的设计制作，使新华村闻名于海内外，成了名副其实的“小锤敲过一千年”。

抱着对古老工艺的好奇，我打算去拜访本土的著名工艺美术大师，电话那头大师却抱歉地说他正在昆明忙于一场重要交流活动，只能安排助理小杨和我见面了。在小杨的引领下，一幅古老的生产画卷渐渐展现眼前。

早在明朝，新华村的人们就以打造首饰、日常用品和宗教器物等银铜器为生。到大理国时期更是成为滇西北颇有名气的手工艺之乡。直到现在，新华村仍然沿袭着传统，以家庭为单位的手工作坊遍布大街小巷。其选料、设计、

银器的加工过程十分复杂，完美的细节铸就了著名的“小炉匠之乡”

银器师傅细致认真地工作，真正验证了“小锤敲过一千年”这句话

制模、淬火、塑形、刻画、打磨、抛光都遵循着传统的手工工艺，制作和加工手镯、酒杯、盘、碗等各类手工艺品。在我这外行看来，一件件精美的器物，就在这样的捶捶打打中慢慢展现出来。随着市场需求的扩大，一些较有规模的作坊引进了现代化的加工设备，生产效率大幅提高，前店后厂的生产方式满足了目前市场的巨大需求，同时也改变着传统的生产格局。虽然一直以来，新华村都是一个安静的地方，但由于近年大力度的宣传和开发，每天都有众多来自国内甚至国外的旅游团队，原来的小村子变得越来越热闹，基础设施也渐渐成熟，村里还专门开辟出一块地方建起一个集展示、表演、购物等功能于一体的综合性旅游服务区。和城市的大商场相比，这里也许不具备现代的购物环境，但山水之间来个血拼应该也是不错的体验。

最美云南时光

游走于大大小小的作坊间，我看到了传统工艺的制作过程和展示着的各类作品，小到耳环、挂坠、银酒杯，件件做工精湛，让人称奇。当中也不乏国家级工艺美术大师的杰作，寓意深刻，巧夺天工，游览和选购的过程堪比参观民族工艺博物馆。而身着传统民族服装的姑娘更成为其间必不可少的亮点。她们的装束也极具特色，盘在头上的蓝色小三角别有风味，交谈之中我才知道，白族女性的服饰因地域和年龄不同而有一定的差异，但都以白色为尊，造型、色彩和图案都有一定的象征寓意，远近闻名的“风花雪月”就暗藏其间。在头饰、围裙、局部绣花等部位均呈现各自的特色。“风摆杨柳枝，白雪映霞红”正是其丰富民族文化特色的具体体现。

如此的大器在这里已经屡见不鲜了，精湛的工艺加上昂贵的材料，其艺术价值与经济价值都令人叹为观止

经过千锤百炼之后，一条条白银最终将成为人们腕上的一副副镯子

走出村口，这里又是另一番景象，大片的湿地和断断续续的池塘环绕四周，成群的水鸟在水面嬉戏，自然和人文景观相得益彰。我想这大概就是所谓的“人杰地灵”了吧。

钅争亮银碗摆满了整个展示柜，让人忍不住想要拿来仔细欣赏一番

在大师作品前不由自主地停下脚步，购物的过程也好似参观博物馆了

白族的服饰很有特色，造型、色彩和图案都有一定的象征寓意

眼前的一幢漂亮的白族民居，里面容纳了几十家商铺，大大小小的各种银质工艺品几乎囊括了你能见到的所有类型

在独龙江的日子

克洛劳河与麻必洛河从西藏一路奔流而来，在雄当汇合成独龙江水，然后一路经龙元、献九当到达独龙江乡孔当村。再流经下游的巴坡、马库、迪政当，而后经月亮大瀑布流出境外，始称恩梅开江。这一路浩浩荡荡、呼啸奔腾中收容接纳了从江东的高黎贡山和江西的担当力卡山投奔而来的大大小小、数以千计的瀑布溪流，同时也造就了独龙江两岸壮美瑰丽的景色。无论春夏秋冬，独龙江江水总是清澈如初。

这一方水土上世居着一个“太古”之民族——独龙族。他们在江边耕种着小块的玉米地，在河里捕捉小鱼，在寨子里祭祀各种各样的鬼神。政府禁止打猎后，每家都发放补贴大米，尽管独龙人还不富裕，他们却喜欢用大米酿造出好酒来款待自己和远道而来的旅人。“路不拾遗”的民风依然代代相传。

下雨了，我踏在孔当江面上用细铁丝缠绕的吊桥上，盯着常年遭受风吹雨打的木板搭成的独木桥，强压住心底的惊惶摇摇晃晃地走了过去。虽然下着雨，独龙江水依旧清澈。江中有一个美丽的长满树的小岛，对岸不时出现从高黎贡山跌落而下的飞瀑，以及建在瀑布旁的几间小木屋。

转过一个山坳，遇到一队马帮，十几匹马排队去乡里拉货。此后每一天，无论在路上或是村里，要么和马帮相遇，要么和他们同路。

沿江边的弹石路步行约 11 公里，就到了献九当，一个很小的独龙村子。村公所是村里占地面积最大的房屋，其中还包括卫生所。村里人分散住在附近的山上。在这里落脚的时候，我看到一个从山上走来打吊针的老婆婆，据说走了一个小时，这还不是村里住得最远的人家。包括村公所在内，村里的所有房子都用原木搭建而成，屋顶盖着几年前国家提供的石棉瓦。村公所附近住了几户人家，一个独龙女子就在她家的走廊上编织着长长的独龙毯。在献九当的独龙人家里，我第一次领教了独龙自酿米酒的威力。米酒度数不高，

白云深处有人家

独龙有女初长成

很香，很甜。喝了之后，一直落在后面的我，居然脚下生风，疾走如飞。

后来我一路磨磨蹭蹭到达龙元，接过同伴递来的长凳刚在村公所前坐下，一抬头，眼睛就被定格在那栋原始古朴的木屋上面：几块大大小小的石头和几节木桩垫底，就把原木拼搭的木屋支撑得稳稳当当，屋顶覆盖的茅草上居然还长着几株碧绿的植物。

村里这样的木屋很多，围绕着村公所。旁边有一间小木屋，是一间小卖

过吊桥

马帮

部，一个普通话说得很不错的乖巧女孩正在帮妈妈看店。她是刚从贡山放假回来的高中生，名叫江花。和她聊了几句，江花就很自然地把我们往她家大屋里让：进家坐一下嘛！然后，直接在火塘边拿起茶壶，倒出两碗黄里透白的茶水递过来。刚刚走了十几公里山路，每个人都又饥又渴，接过来一饮而尽，感觉味道和酥油茶差不多。事后才知道，我们喝的正是独龙江著名的漆油茶，据说很多外来人喝了都会过敏。江花的母亲把五六个鸡蛋放在水壶里，架到火塘上煮，很快就煮好用盘子装了递给我们。告辞出来，还硬要我们把

每家每户的主妇都会编织独龙毯

剩下的也带走。也是后来才知道，鸡蛋是独龙人家里无比珍贵的东西，即使一元钱一个，他们也不愿意卖。江花家旁边的小屋前后，系着好几匹马，江花的妈妈招呼完我们，又忙着给几个赶马人做饭。那些来来去去的赶马人，或往上游去收药材，或往下游去拉生活用品。江花家就成了马帮来往的驿站，而在江花家住宿，不收取任何费用。

雨季来独龙，几天都是雨雾相伴。就在我即将离去的时候，独龙却给了我最美丽灿烂的一天一夜！翠绿的峡谷里，蓝天白云，碧波荡漾。红霞褪去时，

甜美的独龙女孩

屋檐长廊，为路人休憩提供了场所

一轮皓月高悬山巅，坐在独龙江边一块延伸到江中的巨石上，看白花花的江水从古老的吊桥下面涌来，在波涛撞击石头的巨大声响里感受石头的战栗和身体的晃动。抬起头，久久看着美得令人窒息的星星和月亮。摇摇酸痛的头，却忽然发现，身边那一树一树闪闪烁烁的是什么？是坠落的流星？还是节日里的圣诞树？不对！是满树的萤火虫！何时见过这么多的萤火虫呀！久违了，萤火虫，你是忙忙碌碌的城市人年少时那个无忧无虑的梦！

献九当的村边

行走在路上的马帮

在贡山读高一的阿升和其在昆明念大学的姐姐暑假里都回到了独龙江的家里

世外桃源坝美

坝美是云南文山壮族苗族自治州广南县的一个壮族小村子。村子四面环山，一水中流，河水穿过山洞流到外面的世界，也把村子与外界沟通。乘一只小船溯流而上，一炷香的工夫便觉眼前豁然开朗，只见炊烟袅袅，耕牛悠悠。描述到这里，大多数人就会惊呼，这不就是陶渊明描绘的世外桃源吗？的确，坝美正是凭借“世外桃源”的概念，让世人知道了它。

村子说不上大，也不算小。有140多户人家和近700口人，全村主要有三个姓氏，黎姓、农姓和黄姓。从前，村子里的人不与外界通婚，同姓之间也不通婚，只有村子里三姓氏之间才能结成秦晋之好。以现在的科学态度来看，人口规模不大的小村子，近亲繁殖的现象在所难免，可是，村子的漂亮女子举目皆是，不由得让人怀疑所谓科学的正确性。

村子以农耕为主，作物有水稻、包谷，也种植茶叶，还有人养牛，养鸭子。早晨，人们蹚过小河，去田里耕作，赶牛的、挑担的，像一个个跳动的音符。下午，孩子们放学了，河边成了孩子们的游乐场，好像一段欢快的快板。傍晚，劳作了一天的人们回家了，在河里洗去一天疲乏，坐在院子里抽上一口水烟袋，好似一曲谐和的柔板。每个家庭男耕女织，燕子衔泥般地经营着小家庭，平和、自然、安宁，就这样奏响着一曲交响音符。

村子里的人结婚都很早，二十几岁就都已经儿女绕膝了。有一位黎姓家庭，男女主人还不满50岁，就已经有两个小孙孙了，看着子孙满堂、其乐融融的样子，真有点让人羡慕呢。

一直以来，村子里的人过着这样与世无争的悠闲生活。近年来，凭借“世外桃源”的招牌，村子开始开发旅游，已经渐渐有些知名度了，每到长假都会有不少的游客慕名前来，村子里已经有二十几户人家开办了农家乐，接待远来的客人，撑船搭载客人进出村子则是更多村民们参与的事情。

乘船走水路是进村的唯一通道

最美云南时光

和谐与安宁是一股向心力，虽然有些外来的客人，但总体上村子的和谐与安宁还在延续，但愿还能够保持相当长的一段时间。

泥土墙、黑瓦顶是坝美村的主要建筑式样。一些家庭还会在院里再搭建一个凉棚，站在院子里，可以眺望驮娘江

当我见到这位挑担的壮族妇女的时候，我切实感受到了纯真、健康之美

▲ 驮娘江养育了坝美，也造就了坝美的将来。这样无拘无束的童年真令人羡慕呀

▼ 男耕女织是中国古代家庭传统的生活模式，在坝美，似乎女人们更多地承担了农田里的劳动。挑不动担子了，也要背一只背篓，勤劳是壮族妇女的符号

这位漂亮的小媳妇在村里开了爿商店，闲来做做手工针线。她曾经代表文山州去北京宣传坝美

蹚水过河去田里干活

看到这幅图，就不由自主地哼起《外婆的澎湖湾》

村子里的驮娘江上有很多水车

天气常如二三月

“天气常如二三月，花枝不断四时春”。昆明因花而美丽。地理位置的特殊使得这里四季如春，也让其成为最适宜花卉生长的地方。这里有全国最大的鲜花市场，来自海内外的交易商在每天凌晨两三点钟就会把鲜花发往各地，至下午，交易市场外的鲜花已经可以以白菜的价格带回家了。在情人节和生日收到九百九十九朵玫瑰成了这里独特的浪漫。

为了亲眼看看鲜切花交易，我一大早起来，驱车赶往呈贡斗南。一路清冷的晨风伴着渐渐泛红的天空，心中充满着对各种娇媚花朵的想像。近30分钟的车程之后，我来到了斗南花卉市场。巨大的市场中人头攒动，熙熙攘攘。商贩们拖着载满各式鲜花的平板车，在其间穿梭，这景象和我想像中包装精美的小清新花店全然不同。一捆一垛分着颜色都包裹得扎扎实实，等着买主将它们发往世界各地。我走向市场中散乱堆着的玫瑰花瓣，“咦，怎么没有见玫瑰花呢？”我有点纳闷。“小伙子，来晚咯！”一位老阿姨眯眼笑着说，“玫瑰来得最早啦，凌晨两三点就买得差不多啦。”“那么早就开始卖了啊？”我又惊讶又失望。老阿姨点点头，拉着她的板车边走边说，“买点百合吧？”我遗憾地摇摇手。心想要能见见传说中一百元钱就能买上999朵的红玫瑰该多好啊。

面前这繁忙的景象，真让人不得不感慨昔日“以路为市”的花卉一条街，如今已成为与南美安第斯山区的哥伦比亚、厄瓜多尔和东非的肯尼亚并称的全球鲜切花生产著名胜地。

市场的一侧，码成一堆堆放着的百合花，全是鲜嫩的花骨朵，每个足有20厘米长，不难想像，当她们竞相怒放时将会是怎样的美丽和浪漫。而另一边则是鲜艳夺目的非洲菊，那灿烂的橙红、娇嫩的粉红，无法形容的美艳扑面而来。昆明从来不乏绽放的鲜花，可这么多各种各样的鲜花同在一屋檐下

昆明的春天来得早，每年二月就已经能感受到浓浓的春意。此时的大街小巷处处鲜花盛开，特别是圆通山的樱花和海棠更是交相辉映，三月赏樱花已经成为昆明人的一道开春佳肴

还真觉稀罕。

大宗交易的人群渐渐散去，还在整理着康乃馨的大姐神情专注。

“您的花卖得怎样？一天能卖出多少支呢？”我问。

“我的花五六点就已经卖得差不多了。康乃馨还算晚一点的。玫瑰花最早卖，两三点就卖完了。接着就是百合花、非洲菊啦。今天我卖了差不多有5千支，过几天节日就要更多啦。”大姐抹了一把脸上的汗水。

旁边几家人也在整理着即将运走的花，一捆有百朵之多，每一朵都含苞欲放，娇艳欲滴。身穿胶皮衣裤的工人，用大扫帚清扫着遍地的枝叶和散落

1985年的冬季，昆明人多了一群来自遥远西伯利亚的朋友——红嘴鸥。这些白色的小精灵之后每年都如约而至，给春城带来了欢乐与和谐的气氛，春城观鸥已经成为一张著名的城市名片

轿子山可以算距离昆明市最近的一处观赏杜鹃花海的胜地。这里方圆 80 多平方公里内遍布古老的高山杜鹃，花开时节漫游其间，映入眼帘的满是牵衣藤蔓、繁花竞放，令人心醉神迷

的花瓣。零售的商贩陆陆续续进入市场，在中间主通道的两侧，精致的盆栽整齐排开，一束束各色花朵，好似等待着心仪它的主人。到了上午十一点左右，城里来淘宝的人渐渐多了起来，拥挤的人群中，赏花的、买花的、摄影的，来来往往，络绎不绝。路旁花店还开设了速成体验的插花课，花上二三十元钱，我也可以感受插花的乐趣，还能收获自己专属的插花作品。

正如杨慎《滇海曲》里展现的景象一样，昆明一年四季都如春天般鲜花常开。当你漫步昆明，就会被散落于街边、公园中姹紫嫣红、芬芳馥郁的鲜花所吸引，各种叫不出名的奇花异卉也纷纷从阳台、窗户引颈张望。这里冬无严寒，夏无酷暑，伴随着鲜花遍地以及相对较慢的生活节奏，人们常沉醉于此，乐不思蜀。

昆明有国内最大的鲜切花市场，来自四面八方的游客在这里买到心仪的各种鲜花，装箱后发往各地

昆明呈贡的斗南花卉市场是国内最大的花卉交易市场，每天有近一万余人在这里进行花卉交易，把近300吨的鲜花发往全国。大宗交易结束后商贩们忙着捆扎装箱，内心的喜悦无以言表

➤ 如今昆明的鲜花已经遍布全国，也许某一天在您手里的这束鲜花就来自昆明

➤ 斗南也是昆明较大的鲜花种植和培育基地，在花工的精心照料下这些可爱的花儿将飞往千家万户

▲ 在昆明举行婚礼是幸福的，用无数鲜花装点的仪式倍感温馨与浪漫

▼ 白色的婚纱配上芳香的鲜花，这样的烂漫氛围一定是新人们一生最完美的记忆

“春城无处不飞花，寒食东风御柳斜。日暮汉宫传蜡烛，轻烟散入五侯家。”有了鲜花的陪伴，烂漫的景致无处不在

向阳桥头的六库

向阳桥头，这位扛着弩，背着狐狸皮箭囊的帅哥格外引人注目。狐狸皮是他的猎物，帅哥总是很得意地把那箭囊晃来晃去，还不时地举起弩比划一下

六库，守卫在六百里怒江峡谷出口的一个镇子。泸水县县治和怒江州州府相继搬迁到这里，使六库发展成为怒江峡谷最有规模的城市。如今，地图上标注的是泸水，而人们仍然叫六库，长途车的站名也是六库。对于游客来说，六库的灵魂在向阳桥头。所以，我特地把进出怒江峡谷的落脚点都选在了向阳桥头的一家旅店。

向阳桥是怒江上的一座吊桥，1970年建成。“一桥飞架南北，天堑变通途”，桥上还原样保留着那个时代的印记。向阳桥的西桥头，是机动三轮车聚集的地方，只需三两元钱，机动三轮车就可以载着人们到城市的各个角落。向阳桥的东桥头，是一个小规模集市，与其说是集市，不如说是这个城市的会客厅，人们无论是否买卖东西，都愿意到这里盘桓一会儿。

周末的早晨，是西桥头最有魅力的时候。傈僳族的男子带上他们的弩，来到桥头，把他们心爱的弩展示给喜欢它的人。我刚刚迈出旅店的大门，就见三五成群的傈僳族男子带着弩往桥头方向溜达。旅店对面的饵丝店里，也

这位老汉在桥头最核心的位置摆上了他的背篓和弩，其他的摊位都围着他展开，他就像一位将军，环视着周围的一切

有两位傈僳族汉子在品评他们的弩。其中一人主动把弩递给我："这把弩从前可是射杀过不少的猎物哦！"说话的神态很是得意。我试图拉动弩的弓弦，那人说："你拉不开的，两百多斤的拉力哟！"

从前，傈僳族男人是靠打猎为生的。弩是他们的生产工具。现在不打猎了，但仍然保留着制作弩的传统。从前的弩留到现在成了古董，新制作的弩则成

他的这把弩是以前留下来的，曾经射杀过不少的猎物。老汉一边用布蘸着油擦拭弩，一边向人炫耀它的光辉历史。据说这把弩值 800 元钱

这些竹筒是用来制作箭杆的，总有人拿起来看看竹筒的曲直。身后带红色棒球帽、背着弩的老汉把那些竹筒差不多看了个遍，最后心满意足地空着手走了

了展示手艺的途径。人们把弩摆放在地上，任人把玩一番，然后再品头论足。他们也会拿起别人的弩，比划一阵，再发表一番高论。人们当然希望有人慧眼把自己制作的弩买回去，不过没有买卖也没关系，喜欢弩的人们聚在一起说说笑笑，也很开心，就像每周一次的沙龙。事实上，这些卖弩的人们相互之间都很熟悉，每周都会有这样一次聚会。

不管有没有买卖，谈论起心爱的弩就很开心。这位老汉左看看很开心，右望望也很开心

整个桥头到处都是背着狐狸皮箭囊的帅哥的身影

卖弩的帅哥面带着得意的微笑，他的三把弩中既有从前留下来的，也有自己新近制作的

向阳桥上网来穿梭的人们

晨光中的向阳桥

香飘石屏

青歌赛上一首原汁原味的《海菜腔》让红河州西北部的小县城石屏迅速走红，许多人开始把目光投向这个古老的“文献名邦”。而石屏之于我却似风筝之于引线，虽时常漫步天际，但从未真正离开。多年以后回到故乡，那古老的孔庙、巷子里一院挨着一院的进士宅第、火车站的法式小洋楼、异龙湖的水天一色，还有各种令人垂涎欲滴的美食……系着红领巾的我又回来了。

石屏是云南历史上唯一的状元袁嘉谷的故里。同时也是“海菜腔”、“烟盒舞”的故乡，这里还有一朵享誉四方的饮食文化奇葩——豆腐。

石屏制作豆腐已有400多年的历史。从原料、加工到食用，可谓一门考究精致的生活艺术。石屏豆腐制作的独特之处在于使用石屏老城内特有的井水（俗称“酸水”）作为凝固剂，而不是使用人们熟悉的石灰水。更令人叫绝的是，这种“酸水”离开石屏无论如何也点制不出豆腐。

为了一探石屏豆腐制作的秘诀，我迫不及待起了个大早，跟随熟悉豆腐厂的老乡七弯八拐来到一幢老房子跟前。“这家厂子的豆腐又大又厚，做法和用料比大厂还要厚道，我们平时都是买他们的。”老乡那得意的神情仿佛在推销自家的厂子。“哎，人家是专门来看做豆腐的。”老乡吆喝着把我介绍给正在忙活的老板。小厂占地不过百平米见方，大缸小缸把貌似简陋的空间堆得满满当当，几个工人忙前忙后，浓浓的豆腐香充满整个屋子。新鲜出炉的几大摞豆腐被陆续进来的买家一抢而空。“我们一早上要卖出一千多条，不到中午豆腐就在云南各地的农贸市场了。”今早已两次前来进货的老板自豪之情溢于言表。以这样的发展速度，也许不用几年，在这古老的巷子里就不会再见到这场景了。事实上相似情况的小厂也大都在计划着迁往新的经济区。

磨豆腐是石屏豆腐制作的第一道工序，通常工人们要凌晨两三点钟就开始工作，电动马达带动的石磨飞快旋转，将粒粒饱满的黄豆研磨成豆泥，为制作豆腐做好准备

从小巷出来，已时至中午，看着热闹的小吃摊，我开始兴奋了。说起石屏人吃烤豆腐，那真是一道奇特的景观。不管是县城、乡镇，还是嘈杂的集贸市场，街头巷尾，你随处可以看到人们手拿蒲扇用木炭火精心烤制着豆腐。尤其是那“名扬四海”的臭豆腐，生吃的时候味儿挺大，煎烤之后却异常香，金黄的脆皮鼓鼓地绷到要炸开一样，放到嘴里又松又脆，咬一口豆腐，品一口梭椤茶，其中滋味，妙不可言。曾有文人这样写道：“眉柳叶，面和气，手摇火扇做经纪，婷婷炕前立。酒一提，酱一碟，馥郁馨香沁心脾，回味涎欲滴。”

过滤了豆渣的浓浓豆浆倒入一个大缸中，这就是石屏豆腐的原材料了

滚烫的豆浆加入神奇的“酸水”，在均匀的摇晃中渐渐凝固成为豆花。既不能太清也不能过稠，火候就是代代相传的手艺秘诀

豆腐皮是石屏又一种久负盛名的美食。据《石屏县志》记载，豆腐皮生产始于明代初期，盛于清代后期，光绪年间该县有个姓罗的举子进京会试，得中武状元，留作慈禧宫中佩剑侍卫，官达四品。有一次，罗状元回乡省亲，返京时捎去豆腐皮献于慈禧，慈禧食用后连声称好，遂成为贡品，从此声名远扬。

石屏自古多才子，“五步三进士，对门两翰林”是古时石屏名冠南滇的美誉，飘香的豆腐或许也功不可没吧。

将豆花倒入垫着竹片的方格中，用纱布包裹，冷却定型，一层层摞在一起挤压出水分，豆腐就这样成型了

冷却的豆腐片上要涂上少许的食盐，促使豆腐发酵，也让豆腐更加美味

美味的石屏豆腐已经做好，最后就是将其切开成条状，这就是石屏豆腐之所以称条而不是块的原因

柔软的豆腐上留下制作时纱布细密的纹理和竹片凹凸有序的条纹，使得豆腐具有了特殊的质朴感，这也是石屏豆腐的外形特征之一

烤出来的豆腐皮黄而不焦，豆腐膨胀如馒头，掰开来看，熟透的豆腐气孔如麻，清香四溢，再配上精心调制的佐料，保准让你胃口大开

▼ 一大早，直销的小贩已经第二次来进货了。一扎豆腐共有 64 条，一个摊位一天能卖出 1000 多条豆腐。现在云南省各地的菜市场上都能见到石屏豆腐的身影

石屏豆腐皮色泽金黄，味道鲜美，柔嫩爽口，是当地人招待宾客的上乘佳品

石屏素来重教兴文，有“文献名邦”的雅称。“五步三进士，对门两翰林”就是对石屏优良学风的最好写照。石屏县一中是这里人才的孕育之地

石屏县一中有着景色优美的精致园林

老城故事

香格里拉，如果是指一个准确地名，我更愿意叫它中甸。因为香格里拉原本并非一个地名，而是用来描述一种理想的生活环境。符合这种理想环境的地方有很多，云南的中甸、德钦、怒江，四川的稻城、德荣、乡城据说都符合这样的意境。最终，云南中甸县把原本虚构的这个词语具体化了。然而用一个很大的概念，去具象一个小地方，总让人有点找不着北，于是，这样的叫法经常出现：“今天晚上住在香格里拉，就是中甸县城”、“沿着大香格里拉地区走上一圈”。

当人们在季候鸟酒吧借酒装疯，对着太子十三峰大呼小叫的时候，我独自徜徉在独克宗古城，在那里寻找真正属于香格里拉的文化因子。

独克宗古城，便是中甸最初建镇的地方，那时叫建塘镇。据说古时候藏王把他的三个儿子分封在理塘、巴塘、建塘三个地方，理塘和

站在龟山上俯瞰古城

巴塘名字沿用至今，都在四川甘孜州境内。建塘后来改名叫中甸，几年前又改名叫香格里拉。所以，传统上这里是藏族世代居住的地方。当然，它还是茶马古道上的一座重镇。

古城不大，以中间一座小山为中心，这座小山叫做龟山，山上有寺庙，山下有四方街，石板铺就的街道就从四方街放射状延伸开去。站在龟山上俯瞰古城，古城石板路纵横交错，石板房鳞次栉比，偶尔一位身穿藏袍的妇女走过，仿佛时光又倒退了。古城北部靠近新城，已经明显进行了旅游开发，各式商店、客栈一间接一间，街上晃动着各色户外服装。而古城的南部仍是大片的民居住宅，偶尔有一两位居民走过石板路，很古朴的氛围。

独克宗古城通往香格里拉新城的北门街上，咖啡馆、酒吧、客栈一家接一家，还有为数不少的户外用品店。就在光怪陆离的世界里，忽然一座朴素的大门楼闯入视线。透过门洞，院子里一座古朴的二层小楼静静地卧在那里。不用任何介绍，便能知道这一定是一座不同寻常的老宅。扭头看见门洞的墙上贴了一些报纸简报，仔细看，那些简报记载的都是关于这座老宅和它的主人的。

不知何时我身边出现了一位手拄拐杖的老人，他就是老宅的主人松柏良。老人招呼我进去看看，他今年 78 岁，藏族，松柏良是他的汉名。其祖上在茶马古道重镇中甸经营客栈等生意，积蓄了一定的财富，崇祯年间建造了这座老屋。20 世纪 50 年代被划为大地主、黑五类。老人也因此坐了 20 年牢，1982 年才被落实政策。

老人说着，轻轻地拿开了横在通向二楼的楼梯处的木杆，这显然是防止闲人随意闯入的措施。这是一座汉藏结合的二层楼房。照例，一楼是放置杂物的，二楼才住人。二楼也分成两部分，一部分是佛堂，另一部分家人居住。二楼走廊的尽头，放了一张茶几，一个躺椅，顶头山墙上挂了一块红窗帘。当老人轻轻拉开红窗帘才发现，那里并没有窗户，而是一幅精美的壁画。壁画是佛教题材的，技法精谨，不似一般民宅的壁画，而像是寺庙里的壁画，说不定就是寺庙的画工绘制的也未可知。

龟山之上，有一个藏区最大的转经筒，不时被人转动起来，清脆的铃声把人们美好的祈福送达上苍

离四方街不远的街巷里，生活着原汁原味的古城的居民，这位妈妈在自家门口哄娃娃

老人说，文革期间这里被用作办公机构，老屋的很多地方都有文革时期的标语，房屋外面的标语后来被老人清除了，屋子里面的却还保留了原状。说着老人打开了佛堂的房门。这间佛堂是典型的汉式风格，佛龛上的雕花是汉式暗八仙，两侧还有一对金龙，也是典型的汉式风格。佛龛前的香案上有一个雕莲花的木墩子，老人说这原本是松赞林寺的柱础，早年间松赞林寺毁废重建时被移放到这里。这也暗示着老宅与松赞林寺的密切关系。原来，老宅的主人由于在茶马古道上经商渐成当地显赫大户，而松赞林寺是政教合一的地方最高权力机构，松赞林寺需要显赫富足人家的布施，富足人家也需要权力机构的恩惠和照顾。这是一种互利的依赖关系。

古城北门街66号的老宅曾经是茶马客栈，已经有380年的历史了，在光怪陆离的世界里，这座老屋还在述说着昔日的辉煌

随后，老人带领我们来到隔壁的房间，这里是他们一家五口人日常居住的地方，是典型的藏式风格，中间是火塘。墙上装饰有藏式吉祥八宝木雕，靠墙摆放着床榻，都是富裕藏族人家常备之物。

临走时，回头看到老人拄着拐杖颤颤巍巍地站在门洞里，正目送我们离去。老人已经 78 岁了，老宅已经 380 岁了，门洞外现代化的酒吧风情街的气氛，还能被这一扇大门阻隔多久呢？

老人和家人日常起居的房间是典型的藏式风格，中间是火塘，墙上装饰有藏式吉祥八宝木雕，那些彩绘木雕相当古朴

挥手说再见，回头看见老人拄着拐杖颤颤巍巍地站在门洞里，目送我们离去

在古城还参加了一次家访，这家的母女二人一直站着迎接客人，为客人敬上青稞酒，母亲的口中一直哼唱着迎宾曲，那未经修饰的歌声真动听。青稞酒的酒力，想不醉都难

家访的藏族一家有5兄妹，他们为客人们跳起欢快的旋子舞蹈

白沙壁画

在丽江古城的狮子山下有一座木府，去丽江的游人多半会去看看。那是纳西人的权力机构木氏土司生活的地方。但其实，木府只是木氏土司衰亡前最后的宫室，此前他的统治机关是设立在白沙的。

玉龙雪山下的丽江坝子上，分布着座座纳西族村落，雪山融化的溪水滋养了这块土地上淳朴的人民

资料记载，纳西族源于古氐羌人的牦牛羌，战国末期从黄河上游地区南迁，最后集中于滇西北玉龙雪山周围地域。木氏的祖先在白沙岩脚居住，称“岩脚院”。忽必烈南征的时候，木氏祖先阿良阿胡降附忽必烈，被任命为“茶罕章官民官”首领，后来改称“丽江路军民总官府”，“总官府”也从金沙江边的石鼓搬迁到了位于丽江坝子的白沙，木氏土司的黄金时代从此开启。

从大研镇出发，骑着自行车沿平坦的大道前行，高原的阳光明媚强烈，玉龙山云雾缭绕，不见真面目，很快就见到了溪水环绕的小村庄——白沙村。

与丽江古城和束河的灯红酒绿、纸醉金迷不大相同，白沙虽然也出现了些许的商业化征兆，但是基本上还保留着丽江纳西村落的古朴风貌。土坯墙和瓦顶的房屋，一条流水哗哗的水渠，小石板桥上慢吞吞地走过一位纳西老人，那情景令人心生欢喜。穿过一个小巷，“白沙”的牌楼就出现在眼前了。

穿过牌楼正对着一条街，临街也有几家出售扎染等工艺品的商店，间杂着几家酒吧和餐馆。酒吧和餐馆大多很清静，没什么客人，只是其中一家有几个老外临窗闲坐。再往前面走，依然是扎染的天下，但是，多数店铺不见主人，任由扎染花布随风飘扬。偶尔有人闲坐，上前去问：白沙莫非有扎染作坊？怎会有如此多的扎染商铺呢？那人嘿嘿两声：那些泡着布料的木盆是做样子的，真正的扎染也都是从大理周城进的货。我也嘿嘿两声，心照不宣。就凭那人如实相告，白沙也还是朴实的。

白沙最吸引人的当属壁画了。我一直很喜欢看壁画，也看过很多著名的壁画。白沙壁画是我期待了很久的。白沙壁画在木氏土司修建的琉璃殿和大宝积宫内。这两座建筑是木氏土司在明代修建的，因而那些壁画也是明代画上去的。相比内地的寺庙祠堂，琉璃殿和大宝积宫实在是小。所谓琉璃殿也并没有琉璃瓦，而是因为供奉药师佛而得名。因为药师佛主宰东方琉璃世界，所以供奉药师佛的殿堂就叫琉璃殿了。现在的琉璃殿更像一个穿堂建筑，里面的壁画大部分已经被破坏了，只留下二楼跳空部分一周圈的 16 幅小型壁画。这些画是永乐年间的，线条粗放、简约，有汉唐遗风。

大宝积宫的壁画保存相对完好。正中的一幅据说是“三教合一”的内容。这里的三教合一，与常见的“儒释道”三教不同，它是藏传佛教、汉传佛教和道教的合一。左侧一幅是“朝会图”，略有永乐宫的韵味；右侧一幅是“因果报应图”，各色市井人物出现其中，略类毗卢寺之风。这些画是万历年间画的，比琉璃殿的晚了一百多年。

据说，创作这些壁画的画工，很多来自藏地，也有很多来自中原。他们把各自对于宗教的理解体现在这些壁画上了。门口的门廊里，有一个非常简单的展示板，上面介绍了敦煌壁画、永乐宫壁画和法海寺壁画。显然，白沙壁画就规模和艺术价值而言似乎无法与三者相提并论，但是，其所处地理位置和年代，使其具有了独特的历史文化价值。

对了，还有一个疑问。在大研镇，到处都是所谓东巴文化、东巴教和东巴文字。但在白沙壁画中却没有一丝关于所谓东巴教的内容。我一直怀疑现在丽江见到的所谓东巴文化很大成分上是现代人演绎的，不知道究竟是怎么一回事。

白沙基本上还保留着丽江纳西村落的古朴风貌。纳西人日出而作日落而息，一幅非常宁静祥和的乡村画面

土坯墙和瓦顶的房屋，一条流水哗哗的水渠，小石板桥上慢吞吞地走过一位纳西老人，那情景令人心生欢喜

穿过牌楼正对着一条街，临街的店铺也有几家出售扎染等工艺品的商店，间杂着几家酒吧和餐馆。街上偶尔有一两位骑车的外国游客

街边的一家酒吧里，有几个外国游客临窗闲坐

经营“乡村路”酒吧的小伙子，伏在桌子上又写又画，原来他在学习外语

当地纳西人一家前来参观壁画

走进丙中洛

一路北上，怒江大峡谷的一江怒水从六库经福贡来到匹河，沿途引导我到达贡山，又去往丙中洛。

一直吸引我目光的，是沿江公路对岸不时出现的小小村落。那些原汁原

桃花源村

味的木屋，屋顶或木头，或石片，或茅草，掩映在树丛中，或暴露在阳光下。云雾缥缈，光线游移，美不胜收，整个人就在飘飘忽忽的状态下游走于这片美丽的精神家园。

车子在白云缭绕、绿草茵茵的江边驰骋，我的心也跟着飞到了怒江上空。居高临下，忽然看见某一处，江水绕着一座布满密密麻麻松树的尖山来了一个大拐弯，恢宏的气势让我心中一震：这莫不就是传说中的怒江第一湾？然而，车子并没有停下，而是继续沿着公路拐了几个弯，才在路边戛然停下——大气天成的怒江第一湾近在咫尺！

桃花源村，就在怒江第一湾旁边，也是一百八十度的大弯。一段弯弯的江水，把碧罗雪山深入江中的一段山坡围成一个半岛。岛上村民的房子，不知有意还是无意，绕成一个圆形，里面是庄稼地，外面则是大片大片的玉米地，一直延伸到江边。村民的房前屋后，庄稼地旁，种满了桃树和其他果树，若你在春天来临，你会看到整个小岛被一团一团的粉红点缀得分外妩媚妖娆，一如传说中的世外桃源，这里也因此得名桃花岛。从公路边俯视，世外桃源尽收眼底，一座晃悠悠的吊桥，沟通了外面的世界。

峰回路转时，忽然在路的尽头，在高高的贡嘎雪山下，出现了被田园包围的丙中洛全景图——到了！进入丙中洛时正逢圩日。赶马人把马系在路边的电线杆上，径自走进铺子，挑了一副马鞍给马儿套上；身着怒族服装的妇女，牵着一个可爱的小孩在街边蹲下来，买了几根引火用的油柴；市场的一角，卖炭的，卖野菌的，卖山果的，都用竹筐装着他们的物品。那一刻，竟有些恍惚，这是我生活的年代吗？马路上没有来来往往的汽车，人们任意穿行在马路中央。街边的三两间店铺挂着各民族色彩艳丽的服装。

在丙中洛的日子，是放松的、悠闲的、享受的每一天，是和神仙同吃同住同在云里雾里的时光。每一户人家，只要你踏进去了，没有人把你当外人，他们慢悠悠地架柴烧水泡茶，跟你一起吃刚在石板上煎好的苦荞饼。有时候，从村民家里喝了一些自酿的酒出来，会忍不住在小溪边的大石头上躺下，听水磨被水花有节奏地推出声响，看流云在眼前聚聚散散。是呀，这样的时刻，有山风，有白云，泉水叮咚，鸟语花香。如果身边还有爱人，人生至此，夫复何求！

翌日去雾里。正所谓“雾里”看花，一个美字岂能形容！原生态的木屋，如星星般散落在大片整齐的斜坡上，夏天的玉米染绿了整个山坡，溪水中搭建了大大小小的磨坊。清澈的山泉穿过村子，跳跃着从小木屋旁从桃树下叮咚穿过，汇入怒江。雾里，就像一盘神仙精心布置的棋局，在最精彩处打住。那碧绿色的棋盘里，一间间木屋被当作棋子，步步为营，恰到好处地点缀着。最后，连对弈的神仙也愣在原地，不肯再继续走棋——原来自己不经意间竟把雾里塑造得如此美轮美奂。

重丁天主教堂修建在茶马古道的必经路边。重修之后的建筑相当辉煌大气，教堂大门上方有很多装饰，大都与天主教人物相关。或许因为重丁教堂的名气太大，我有些不敢进去，只是静静坐在窗边的草地上，和那个早已长眠于此的外国传教士一起聆听圣母玛利亚的教诲。依旧是四声部合唱，音域洪亮而悠扬，那份缥缈空灵的感觉再度在身边萦绕。

聊天

怒族女孩

四季桶村的放牛郎

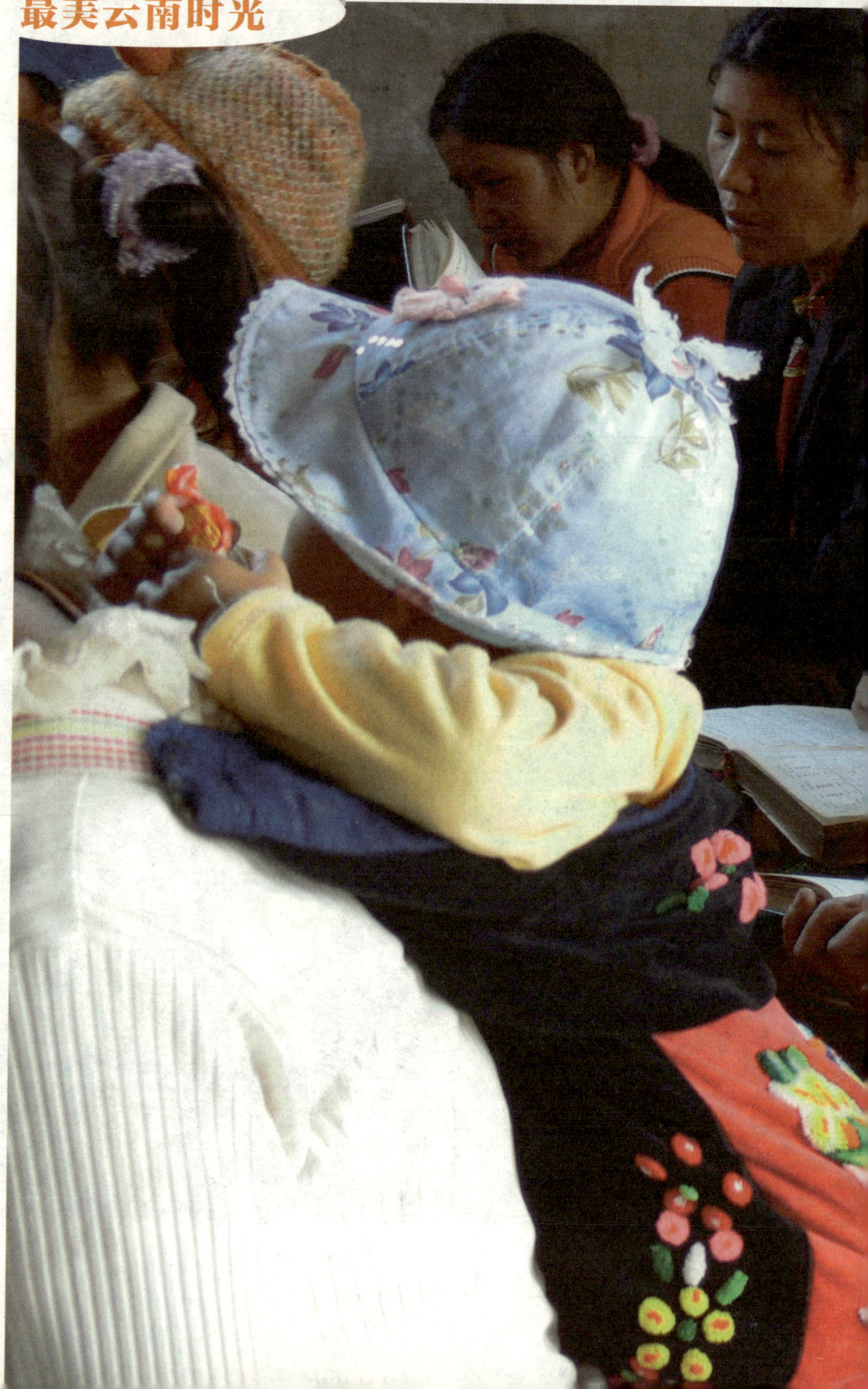

诵经人无论年龄大小，都那么认真

重丁天主教堂

雾里，让你一眼就深深爱上的地方

雾里村里的怒族妹妹

利沙底街天

大峡谷里的村落，大都远离城镇，他们日常所需的锅碗瓢盆等物，村子里没有卖，这就需要一个供大家交易的场所，于是，江边所有的乡镇约定俗成，每周有了一个固定的圩日，当地人称之为街天。到了这一天，附近的村民就会来到贸易市场，购买生活日用品、农用品等，并把家里养大的猪、地里收获的土豆、枝头结出的硕果等背出来卖。

太阳刚刚出来，离利沙底还有十几分钟车程的溜索处已经非常热闹。忽然一只黑色的大猪从江心激荡过来，只一眨眼工夫，黑猪已滑过公路边的玉米地，守候的村民七手八脚地解开绳子，大概已被吓呆的猪这才很不情愿地哼哼起来。正看着，不留神又有两个村民从对岸溜过来了，前后就几秒钟的时间。滑的人一脸轻松，看的我心惊胆战。说话间头顶上唰的一声，一个怒族男子独自坐在撮箕里从天空中乘风归去。我正站在江边饶有兴趣地看着一个身着傈僳族衣裙的妇女把一个带着钩子的滑轮挂在溜索

过溜索去赶圩日

之上，坐进箕里借着江边土坡的蹬力朝对面滑去，忽然又看见到一匹小马被五花大绑着从江那边呼啸而来。看得我目瞪口呆。

村民们背着山货，赶着猪向利沙底走去。利沙底的公路两边早已摆满了简单的摊子，人声鼎沸，衣服、鞋子、手电、盆子、砍刀、背篓是当地人的最爱。雪糕、火腿、方便面也成了小孩子尝鲜的外来食品。勤于纺织的怒族妇女背着孩子，站在五颜六色的棉纱线前精挑细选；精通绣花的傈僳族小媳妇背着背篓，在裁缝店里拿着花边和装饰帽子、衣服的珠子爱不释手；挎着

妇女们的眼睛在集市上相当善于发现

上帕桥上走来的女孩

民族挂包的小姑娘，站在挂在筐沿上卖的长裙前小声议论着。他们卖什么于我都已经不重要了，只见那满街漂亮的民族服装在我眼前晃动，看得我眼花缭乱，端着相机一路“追杀”时，又被许多拴住脖子走路的小猪吸引住了，原来，小猪是这样拴着来卖的。

街上有许多身着艳丽民族服装的妇女，她们很看重街天，尤其是那些住在山上的人家，难得来赶一次街，通常会像过节一样装扮自己。据说，福贡周边傈僳族的服饰和怒族的男女服饰完全一样，两个民族间颇有些争议，都认为这种服饰是自己祖上传下来的。关于这两个民族的文字记载实在太少，已经无法考证孰是孰非。我以为，在很早以前，他们的前辈就已经开始了文化融合，其实，要证明谁是谁非并不重要，重要的是，他们共同和睦地生活在怒江两岸。

▼ 年轻的小媳妇，扯上几尺漂亮的花边，方才满意地离去，心里已经在勾勒新衣的样式

抽烟斗的老人

买个新背篓

背着娃娃来赶街

在福贡的农贸市场里，竹器和冬虫夏草、林芝等是混在一处卖的。这个类似于角的东西是干什么用的，真让人有些费解

福贡的农贸市场里，妇女们通常是一边摆卖，一边忙着手里的编织

挑了一个脸盆，接下来该买什么了呢

走累了，小小休憩一下

探访木雕艺术之乡

我的剑川木雕探寻之旅源起于多年前一个朋友送的小雕件——一对白族青年男女欢快的舞蹈木雕。那精湛的工艺、生动的表情至今令人记忆犹新。

汽车在一路盘山的214国道上颠簸了几个小时之后，终于到达大理白族自治州北部的剑川县。古老的剑川木雕起源于唐朝，发展于宋、元、明时期，清朝为全盛期。传统工艺在民间建筑和佛教建筑的装饰基础上不断创新，成为云南重要的文化遗产。怀着对“木匠之乡”的向往，我直奔剑湖东岸的木雕之村——狮河村。狮河村坐落于平整的坝子里，村口树木葱郁，四周阡陌纵横，一派纯美的田园风光。全村600多户人家，就有400多户从事木雕的生产和加工。这里的传统产品是云南民居里常见的雕花格子门。过去农忙时节，村里的人下田耕作，农闲时，各家各户的院子里就会响起叮叮当当的斧凿声。如今，机械工具的引入和流水线作业，提高了产能，却少了手工斧凿那质朴的风格和精湛的技艺。循着木工的特殊声响，我几乎是挨家挨户地寻找。独具特色的白族传统院落往往都装饰精美，除了庭草芬芳之外，最抢眼的就是造型各异的木雕艺术作品。一些小作坊里师傅们正专心致志地雕刻着，但更多的是机械加工的大场面。

汽车在鹤庆通往剑川的崇山峻岭中蜿蜒前行，一路的风景使我忘却了疲惫

幸得当地友人的帮忙，我来到了位于金华镇的一家木雕家具厂，领略到了原汁原味的剑川传统木雕工艺。在这里我看到了传统木雕家具制作的全过程，还看到了延续了传统刀法和工艺的木雕制作。原来这家家具厂是由当地国家级工艺美术大师创建的，除了承接各种家具及工艺品的设计制作外，这里还担负着培养新一代技艺传承者的任务。师带徒的学习方式加上实际订单

多层透雕是木雕中最具技术含量和挑战性的工艺，也是最费时和最昂贵的种类。这样一件木雕通常要花一个熟练师傅2~3个月的时间，所以在木料的选择上也一定要上乘甚至是稀有的

狮河村以加工建筑用木雕为主，这里生产的格子门窗，具有浓郁的白族风格，图案有四景花卉、春夏秋冬、八仙过海以及鹿、狮、麒麟等象征吉祥如意的各种动植物

的演练，传统工艺得以延续。从初学到熟练到创新，成长的过程一般都需要好几年。好在有近来人们的普遍关注和市场巨大的需求，学习到工作也就成一站式的了。社会的认可和市场的回报吸引了一批年轻人的参与，维系着曾经脆弱的传承纽带。

家具厂后院是一个大大的收藏地，一千多平米的仓库密密麻麻堆着的全是木头，一股自然的清香弥漫四周。大师介绍说里面有许多都是以前搜集来

的珍贵原料，已经放了好多年了。在我看来，这些木料目前就好比沉睡的精灵，等有了绝佳的创意才去唤醒他们。

要真正了解一门扎根民间的艺术，最好的方式莫过于融入当地的生活，感受当地的文化。事实上，剑川自古就处于“茶马古道”的交通要冲，这里不仅是云南木雕工艺的发祥地，还有石宝山、沙溪古镇等历史遗迹，以及丰富的水资源——剑湖。这山灵水秀的环境一定也给古老的民间工艺注入了特殊的文化内涵吧。

形态各异的木刻刀，初学者需要花整整一周的时间来学习如何磨制它们

在大型的木雕厂中，有专门负责设计图纸的师傅

初具雏形的木雕，虽还未完工，但已经可以想像出它未来的样子一定精美绝伦。其中凝结着的智慧与辛苦只有亲身经历才能真正体会

新酒

不能想像木雕可以如此精美地再现清明上河图（局部）。这是木雕精品中的精品，也是当地著名国家级工艺美术大师的杰作

剑川南部的沙溪镇，为茶马古道要冲。古戏台位于四方街中央临街的位置

城外的剑湖周围分布着多个白族村落

白族世世代代临水而居，水既是生活的源泉，也是百看不厌的风景

“最美中国系列”丛书简介

“Zuimeizhongguoxilie”congshujianjie

“最美中国系列”丛书是旅游圣经团队历经数年发展、走遍中国后推出的巅峰之作。团队组织所有优秀作者撰写本系列，可谓十余位资深背包客视野中的“最美中国”。

本系列丛书内容系作者原创，是他们心灵的真实感悟；照片系作者亲自拍摄，是他们对美的瞬间永恒的诠释。饱含人文底蕴的文字配上震撼人心的精美照片，定会给读者带来极致美好的心灵慰藉。

本系列丛书共三本：

《中国最美的 88 个自然风光旅游地》
书号：ISBN　978-7-5124-0242-3
定价：39.80 元
出版社：北京航空航天大学出版社

《中国最美的 88 个特色旅游地》
书号：ISBN　978-7-5124-0320-8
定价：39.80 元
出版社：北京航空航天大学出版社

《中国最美的 88 个人文旅游地》
书号：ISBN　978-7-5124-0394-9
定价：39.80 元
出版社：北京航空航天大学出版社

《中国最美的88个自然风光旅游地》

《中国最美的88个特色旅游地》

《中国最美的88个人文旅游地》

“中国最美旅游线路”丛书简介

"Zhongguozuimeilvyouxianlu"

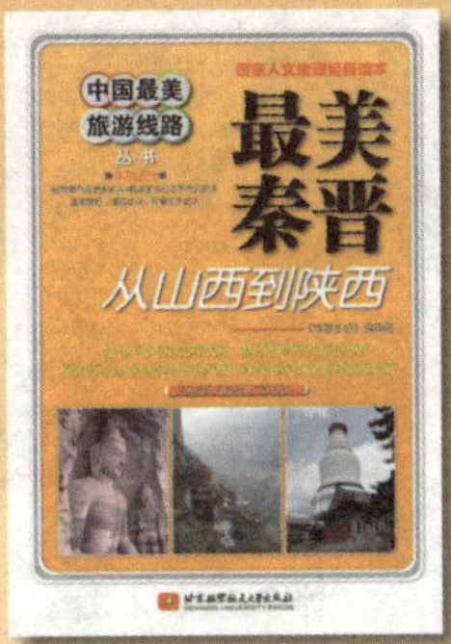

《最美秦晋——从山西到陕西》

《最美江南——从南京到上海》

《最美中原——从洛阳到商丘》

《最美徽州——从黄山屯溪到三清山》

《最美湘桂——从湘西到桂林》

《最美福建——从厦门到闽东海岸线》

《最美海南——从海口到三亚》

本套丛书追求有个性有特色的旅行，淡化走马观花的传统方式，追求历史文化民俗的深度感悟、风景美食住宿的独特体验，倡导“大景点”概念，提倡在一个地方要做几件事。除了游览出售门票的传统景点之外，更推崇在当地探索不为人熟知的特色风景，寻找巷陌深处的地道美食，住一家温馨浪漫的小客栈，听一段地方戏，寻一件民间工艺品等等。这套丛书还打破了传统旅游书以省划分的模式，每本书都不限定某一个行政区域，而是在全国范围内精选多条特色经典路线，设计出最合理的行程安排，每条路线又可以根据读者不同的时间兴趣分化为数条小路线，全书景点行程可相对独立又紧密相连贯通一体。本套丛书由资深背包客实地考察后撰写，文字和照片均为原创，定能带给你全新的启示，使你的旅行充满趣味，更加丰富多彩。

本丛书包括：

最美秦晋 — 从山西到陕西
最美江南 — 从南京到上海
最美中原 — 从洛阳到商丘
最美徽州 — 从黄山屯溪到三清山
最美湘桂 — 从湘西到桂林
最美福建 — 从厦门到闽东海岸线
最美海南 — 从海口到三亚

《悠闲慢旅行》

书号：ISBN 978-7-5124-0508-0

定价：39.80 元

出版社：北京航空航天大学出版社

《背包客》

书号：ISBN 978-7-5124-0689-6

定价：39.80 元

出版社：北京航空航天大学出版社

《老北京新北京 2012-2013》

书号：ISBN 978-7-5124-0682-7

定价：39.80 元

出版社：北京航空航天大学出版社

《搭车旅行：那些边走边晃的日子》
书号：ISBN 978-7-5124-0923-1
定价：39.80 元
出版社：北京航空航天大学出版社

《向世界进发》
书号：ISBN 978-7-5124-1050-3
定价：39.80 元
出版社：北京航空航天大学出版社

《十年旅行》
书号：ISBN 978-7-5124-0969-9
定价：39.80 元
出版社：北京航空航天大学出版社

《一个人旅行直到世界尽头》
书号：ISBN 978-7-5124-0888-3
定价：39.80 元
出版社：北京航空航天大学出版社

《最美藏地时光》
书号：ISBN 978-7-5124-1002-2
定价：39.80 元
出版社：北京航空航天大学出版社

《大学生穷游指南》
书号：ISBN 978-7-5124-0992-7
定价：39.80 元
出版社：北京航空航天大学出版社

《路人甲》
书号：ISBN 978-7-5124-1032-9
定价：39.80 元
出版社：北京航空航天大学出版社

《背着家去旅行》
书号：ISBN 978-7-5124-1040-4
定价：39.80 元
出版社：北京航空航天大学出版社